# 위대한 복음

# 차례

| 1단원 **성자 하나님** | 2단원 **우리와 함께 계시는 하나님** |
| --- | --- |
|  |  |
|  |  |
|  |  |
|  |  |
|  |  |
|  | |

# 1 아브라함부터 예수님까지

**주제** 예수님은 아브라함과 다윗의 자손으로 오셨어요.

예수님은 성자 하나님이십니다. 성자 하나님은 처음부터 계셨습니다. 누군가 창조한 것이 아닙니다. 하나님은 사람들을 죄에서 구원하기 위해 예수님을 보낼 계획을 세우셨습니다. 예수님은 아기의 모습으로 요셉과 결혼한 마리아에게서 태어나셨습니다. 예수님은 완전한 하나님이시며, 완전한 인간이십니다.

예수님은 아브라함과 다윗의 자손으로 태어나셨습니다. 아브라함은 이삭이라는 아들을 낳았습니다. 이삭에게는 두 아들이 있었는데 그중 한 명의 이름은 야곱이었습니다. 야곱도 예수님의 *가계에 속합니다.

그후 몇 대가 흐르고, 살몬이 태어났습니다. 살몬은 이스라엘 정탐꾼들을 여리고성에 숨겨 주었던 라합과 결혼했습니다. 라합은 아들을 낳고 그 이름을 보아스라고 지었습니다. 보아스는 룻과 결혼했습니다. 보아스와 룻은 오벳이라는 아들을 낳았습니다.

오벳의 아들은 이새였습니다. 이새는 많은 아들을 두었는데, 그의 막내아들이 바로 다윗입니다. 다윗은 평범한 소년이었지만 이스라엘의 왕으로 선택되었습니다. 다윗은 찬양하는 것을 좋아했습니다. 그는 많은 시편을 썼는데, 그중 몇몇은 이 땅에 오실 예수님에 관한 내용이었습니다.

예수님의 가계에는 왕들도 있었습니다. 다윗과 솔로몬을 비롯해 여호사밧, 웃시야, 아하스, 히스기야, 요시야 모두 예수님의 가계에 속한 왕들이었습니다.

그리고 시간이 흘러 맛단이 태어났습니다. 맛단의 아들은 야곱이었고, 야곱의 아들은 요셉이었습니다. 요셉은 마리아와 결혼했습니다. 마리아는 예수님의 어머니가 되었고, 요셉은 예수님을 아들로 길렀습니다. 예수님은 진정한 구원자시며, 하나님의 아들이십니다.

*가계 : 대대로 이어 내려오는 한 집안의 계통

## 가스펠 링크

예수님은 평범한 아기의 모습으로 오셨습니다. 이 땅에서 예수님의 부모는 마리아와 요셉이었지만, 예수님의 진정한 아버지는 하나님이십니다. 하나님은 예수님을 보내셔서 아브라함과 다윗에게 하신 약속을 지키셨습니다. 예수님은 사람들을 죄에서 구원하고, 그들을 하나님의 가족이 되게 하십니다.

탐험하기

# 예수님의 가계

마태복음 1장 1~17절에는 예수님의 가계가 나와요.
예수님의 가계에 나오는 이름들을 찾아 색칠해 보세요. 누구의 모습이 보이나요?

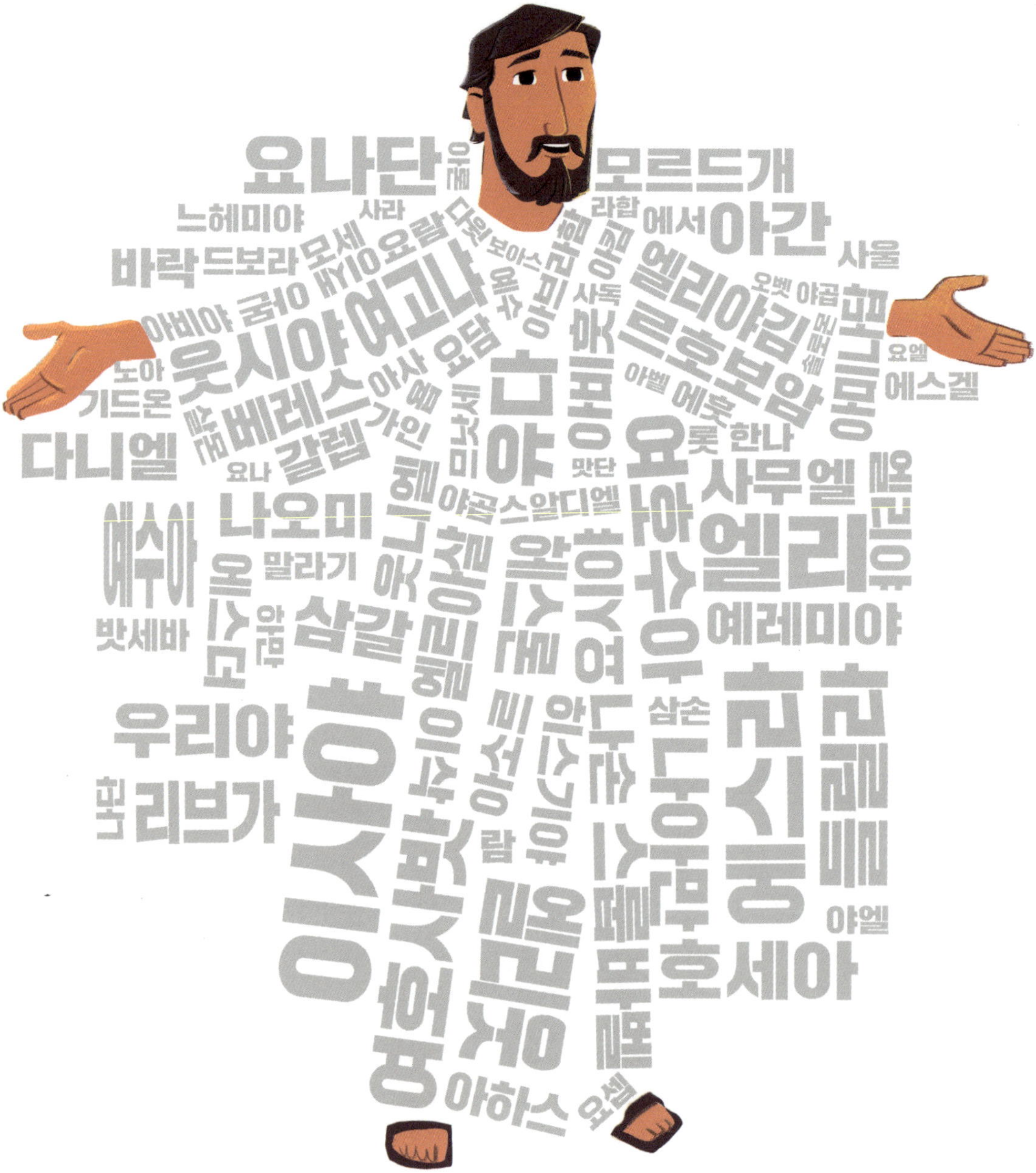

# 예수님은 누구신가요?

성경의 초점을 따라 육각 미로를 통과한 후
아래 빈칸에 성경의 초점 질문과 답을 적어 보세요.

| | | | | |
|---|---|---|---|---|
| 예수님은 | 하나님의 | 친구이자 | 우리의 | 구원자라고 |
| | 어떤 | 점에서 | 아들이라고 | 생각하면 |
| 모습으로 | 부분과 | 특별한가요 | 하나님이시며 | 완전한 |
| 같은가요 | 예수님은 | 완전한 | 천사이세요 | 인간이세요 |

____________________  __________  _____________

______________________ ?

____________________  ______________

__________________________

____________  ______________ .

## 나만의 기록장

예수님과 예수님을 믿는 친구들, 그리고 가족들의 모습을 그려 보세요. 우리는 예수님을 믿음으로 죄를 용서받고 하나님의 자녀가 되었어요!

**기도**

하나님, 약속하신 예수님을 보내 주셔서 감사합니다. 예수님이 하나님께 순종해 십자가에서 우리 대신 죽으시고 살아나심으로 이제 우리는 죄를 용서받고 하나님의 자녀가 되었습니다. 그 크신 사랑과 은혜에 감사드립니다. 완전한 사람이시며 완전한 하나님이신 예수님이 이 땅에 오셨다는 것을 모든 사람에게 전할 수 있게 힘을 주세요. 예수님의 이름으로 기도합니다. 아멘.

**가족과 함께해요**

- 예수님에게 이 땅의 부모가 있다는 사실이 왜 중요한가요?
- 하나님은 아브라함과 다윗에게 어떤 약속을 하셨나요?
- 예수님이 하나님의 약속을 지키실 것을 어떻게 알 수 있나요?
- 함께 읽을 말씀 : 암 3~5장, 7~8장

# 2 마리아가 하나님을 찬양했어요



**주제** 하나님은 마리아를 예수님의 어머니로 선택하셨어요.

어느 날 하나님은 가브리엘이라는 천사를 갈릴리 지방에 있는 작은 동네 나사렛으로 보내셨습니다. 천사는 마리아라는 어린 처녀를 찾아갔습니다. 마리아는 다윗왕의 후손인 요셉과 약혼한 사이였습니다.

천사는 마리아에게 "기뻐하라! 네가 하나님께 은혜를 입었다. 하나님이 너와 함께하신다"라고 말했습니다. 마리아는 너무 무섭고 혼란스러웠습니다. 자신이 무언가 특별한 일을 한 것도 아닌데, 왜 하나님이 자신에게 은혜를 주시는지 알 수 없었습니다. 천사는 마리아에게 무서워하지 말라고 말했습니다. 그러고는 이제 마리아가 매우 특별한 아기를 갖게 될 것이고, 아기의 이름을 '예수'라 하라고 전했습니다. '예수'라는 이름은 '여호와는 구원이시다'라는 뜻입니다. 천사는 그 아기가 큰 자가 될 것이고, 하나님의 아들이라고 불릴 것이라고 했습니다! 그리고 왕이 될 것이라고도 말했습니다. 하나님이 약속하신 왕 말입니다.

마리아가 천사에게 말했습니다. "아직 결혼하지 않은 저에게 어떻게 이런 일이 일어날 수 있나요?"

천사는 "성령께서 네게 임하실 것이며 지극히 높으신 분의 능력이 너를 감싸 주실 것이다. 태어날 아기는 하나님의 아들이라고 불릴 것이다"라고 대답했습니다.

천사가 계속해서 말했습니다. "하나님께는 불가능한 일이 전혀 없다!" 그는 마리아의 친척인 엘리사벳도 아기를 가졌다고 알려 주었습니다. 엘리사벳은 나이가 많았고 아기를 갖지 못했거든요. 마리아는 "저는 주의 여종입니다. 말씀대로 내게 이루어지기를 원합니다"라고 대답했습니다.

마리아는 정말 기뻤습니다. 그리고 하나님의 위대하심을 찬양했습니다. 마리아는 하나님이 예수님을 통해서 하실 놀라운 일들로 인해 모든 후손이 자기를 보고 복 있다고 말할 것이라고 노래했습니다. 하나님은 예수님을 통해 세상에 복 주시겠다는 하나님의 약속을 이루고 계십니다.

## 가스펠 링크

마리아는 예수님의 어머니가 될 것이라는 하나님의 계획에 순종함으로 하나님께 영광을 돌렸습니다. 이와 마찬가지로 예수님도 사람들을 죄에서 구원하기 위해 기꺼이 십자가에서 죽으심으로 하나님께 영광을 돌리셨습니다.

# 다른 곳을 찾아라!

두 그림을 잘 살펴보고, 서로 다른 10곳을 찾아 〇표 하세요.

암호를 풀고 빈칸에 알맞은 글자를 넣어 이 과의 주제 문장을 완성해 보세요.

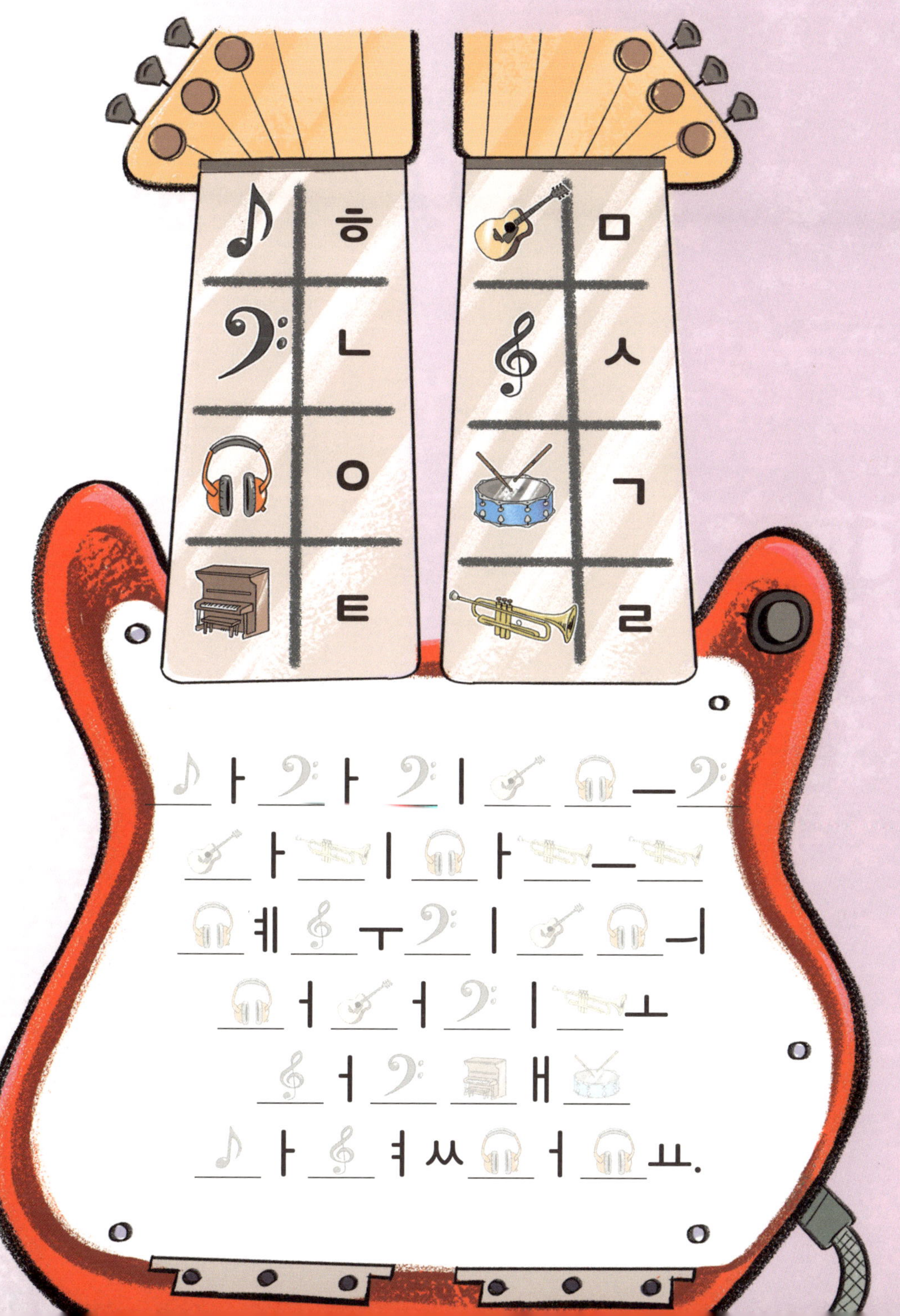

### 보물 상자

### 나만의 기록장

하나님의 계획을 따르는 방법들을 적어 보세요. 이번 주에 실천할 방법 한 가지를
선택해 보세요.

---

**기도**

하나님, 하나님은 약속한 일을 꼭 이루시는 신실하신 분입니다. 그런 하나님을 늘 의지하
며 신뢰할 수 있도록 도와주세요. 예수님이 십자가에서 죽으시고 살아나심으로 우리를 죄
에서 구원하신 이 기쁜 소식을 다른 사람들에게 전할 수 있도록 우리를 인도해 주세요. 날
마다 하나님의 영광을 위해 살아가게 해 주세요. 예수님의 이름으로 기도합니다. 아멘.

---

**가족과
함께해요**

· 마리아는 메시아의 어머니가 된다는 사실을 어떻게 생각했을까요?
· 하나님이 시키신 일 중에 어려운 일은 어떤 것이 있을지 생각해 보세요.
· 함께 읽을 말씀 : 호 1~3장, 6~7장

# 3 예수님이 태어나셨어요



**주제** 약속하신 메시아로 예수님이 오셨어요.

로마의 통치자인 아우구스투스 황제는 모든 사람이 *호적 등록을 해야 한다고 명령했습니다. 다윗의 후손이었던 요셉은 마리아와 함께 나사렛의 집을 떠나 다윗의 동네인 베들레헴으로 향했습니다.

베들레헴에 머무는 동안 마리아가 아기를 낳을 때가 다가왔습니다. 마리아와 요셉은 아기를 낳을 수 있는 안전한 장소를 찾았지만 머물 곳이 없었습니다. 많은 사람이 호적을 등록하기 위해 베들레헴에 와 있었기 때문입니다. 할 수 없이 마리아와 요셉은 가축을 기르는 곳에서 아기를 낳았습니다. 마리아는 아기 예수님을 포근하게 천에 싸서 가축의 먹이를 담아 두는 구유에 눕혔습니다.

한편 목자들이 근처 들판에서 양 떼를 지키고 있었습니다. 그때 하나님의 천사가 목자들에게 나타났습니다.

천사가 말했습니다. "두려워하지 마라! 내가 모든 백성에게 큰 기쁨이 될 좋은 소식을 너희에게 알려 준다. 오늘 구주이신 주 그리스도가 다윗의 동네에서 태어나셨다." 그리고 갑자기 많은 천사가 나타나더니 하나님을 찬양했습니다.

목자들은 곧바로 아기 예수님을 찾으러 베들레헴으로 향했습니다. 이윽고 마리아와 요셉, 그리고 구유에 누인 아기를 발견했습니다. 목자들은 사람들에게 예수님에 관해 들은 것을 전했습니다. 이 이야기를 들은 사람들은 모두 놀랐습니다. 목자들은 하나님을 찬양하며 돌아갔습니다.

얼마 후 동방 박사들이 아기 예수님을 찾아왔습니다. 그들은 동방에서 한 별을 보았습니다. 이 별은 하나님이 예수님을 이 땅에 보내셨다는 표시였습니다. 예수님을 찾은 동방 박사들은 엎드려 경배했습니다.

*호적 등록 : 인구 조사를 위해 가족별로 이름, 생년월일 등을 기록하는 것

## 가스펠 링크

예수님의 탄생은 복음입니다. 예수님은 평범한 아기가 아니었습니다. 하나님의 아들이신 예수님은 사람들을 죄에서 구원하고 그들의 왕이 되기 위해 이 땅에 오셨습니다.

# 단어를 찾아라!

보기 에 있는 단어를 골라 빈칸을 채운 후, 친구와 함께 빙고 게임을 해 보세요.
가운데 십자가는 어느 방향으로든 빙고를 완성할 수 있어요.

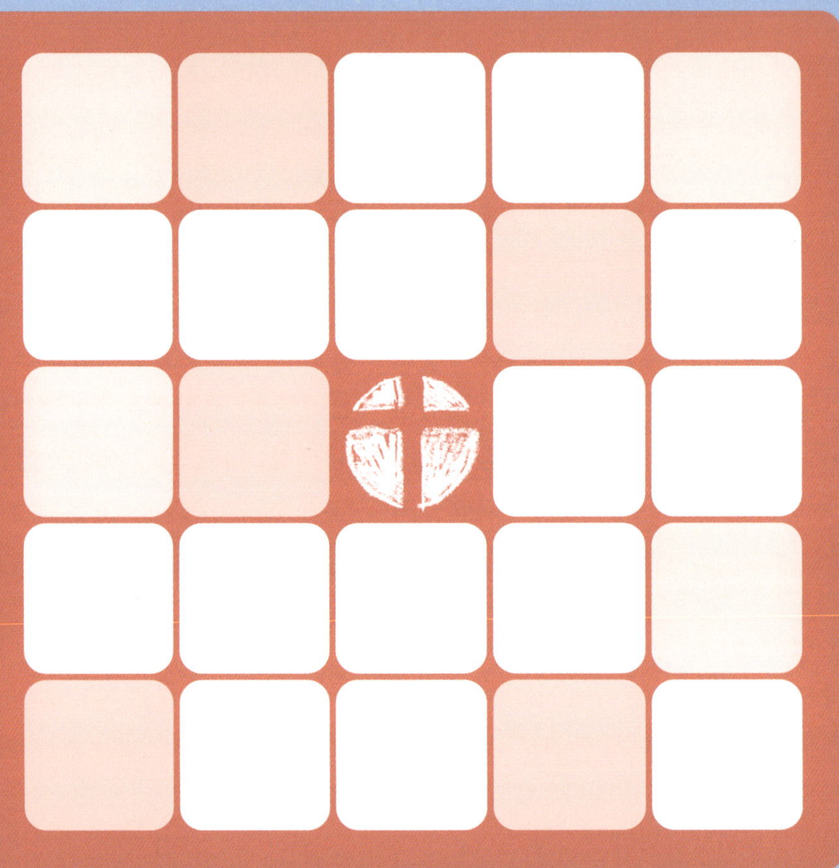

### 보기

천사, 아기, 베들레헴, 호적 등록, 다윗, 땅, 영광, 복음, 하늘, 예수님, 요셉, 왕, 주, 마리아, 메시아, 평화, 구원, 양, 목자, 선물, 구유, 동방 박사, 하나님, 아들, 죄, 헤롯, 별, 고향, 임신

# 기쁜 소식, 복음이에요!

빙고 칸에 넣은 단어들을 아래 빈칸에 넣어 읽어 보세요.
미완성 문장이 정말 기쁜 소식인 복음이 될 수 있도록 보기 에서
알맞은 단어를 골라 빈칸에 넣어 문장을 완성해 보세요.

_______ 의 탄생은 _______ 이에요!

예수님은 평범한 아기가 아니었어요.

하나님의 _______ 이신 예수님은

사람들을 _______ 에서 구원하고

그들의 _______ 이 되기 위해

이 _______ 에 오셨어요.

### 나만의 기록장

아기 예수님을 그려 보세요. 그 옆에 왕좌에 앉으신 예수님의 모습도 그려 보세요.
예수님은 우리의 왕이 되기 위해 이 땅에 오셨어요!

---

**기도**

하나님, 하나님은 언제나 약속을 지키시며 모든 사람을 사랑하시는 것을 예수님을 통해 보여 주셔서 감사합니다. 이 좋은 소식을 우리에게 주셔서 정말 기쁘고 행복해요. 이 기쁜 소식을 우리만 알고 누리는 것이 아니라, 모든 사람에게 전할 수 있도록 우리를 인도해 주세요. 예수님의 이름으로 기도합니다. 아멘.

---

**가족과
함께해요**

- 헤롯왕이 새로운 왕에 관한 소식을 듣고 화를 낸 이유는 무엇인가요?
- 예수님의 탄생에서 하나님은 어떤 방법으로 하나님의 능력을 보이셨는지 이야기해 보세요.
- 함께 읽을 말씀 : 호 11장, 14장; 사 1장, 4장

# 4 예수님이 성전에 계셨어요

**주제** 예수님은 하나님 아버지의 계획을 이루기 위해 이 땅에 오셨어요.

마리아와 요셉은 해마다 유월절을 지내기 위해 예루살렘으로 갔습니다. 예수님이 12살이 되었을 때, 예수님은 가족과 함께 유월절을 지내려고 예루살렘에 가셨습니다. 집으로 돌아갈 때가 되자 마리아와 요셉은 많은 사람과 함께 예루살렘을 떠나 나사렛으로 향했습니다. 그러나 예수님은 예루살렘에 남아 계셨습니다.

마리아와 요셉은 하루를 꼬박 걸어가고 난 뒤에야 예수님이 없다는 사실을 깨달았습니다. 그들은 친척과 친구들 사이를 살펴보았지만 예수님을 찾지 못했습니다.

마리아와 요셉은 예루살렘으로 돌아갔습니다. 마침내 그들은 예수님을 찾았습니다. 예수님은 성전에서 선생님들과 함께 계셨습니다. 예수님은 선생님들의 이야기를 듣기도 하고 질문도 하셨습니다. 모든 사람이 예수님의 이야기를 듣고 그의 지혜와 대답을 놀랍게 여겼습니다.

예수님의 부모님도 그 모습을 보고 매우 놀랐습니다. 마리아는 "애야, 이게 무슨 일이냐? 네 아버지와 내가 너를 찾느라고 얼마나 애를 태웠는지 모른다"라고 말했습니다.

예수님은 "왜 나를 찾으셨습니까? 내가 내 아버지의 집에 있어야 한다는 것을 모르셨습니까?"라고 대답하셨습니다. 그러나 마리아와 요셉은 예수님의 말을 이해하지 못했습니다.

예수님은 부모님과 함께 집으로 돌아가셨고, 항상 부모님께 순종하셨습니다. 예수님은 자라면서 강해지고 지혜로워지셨습니다. 하나님은 예수님으로 인해 기뻐하셨고 예수님을 아는 모든 사람도 마찬가지였습니다.

## 가스펠 링크

예수님은 아이였지만 하나님 아버지의 계획을 이루기 원하셨습니다. 예수님은 키와 지혜가 점점 더 자라 가셨습니다. 하나님 아버지의 계획을 위해 준비하고 계셨던 것입니다. 그 계획은 예수님이 십자가에서 죽으심으로 모든 사람을 죄에서 구원하는 것이었습니다.

# 예수님은 어디에?

마리아와 요셉이 예수님을 성전에서 찾았을 때 예수님은 무엇이라고 말씀하셨나요?
제시된 자모음을 아래의 부호 힌트 에 따라 움직여서 예수님의 대답을 완성해 보세요.



내가 ____________ 이라고 ____________ 될 줄을

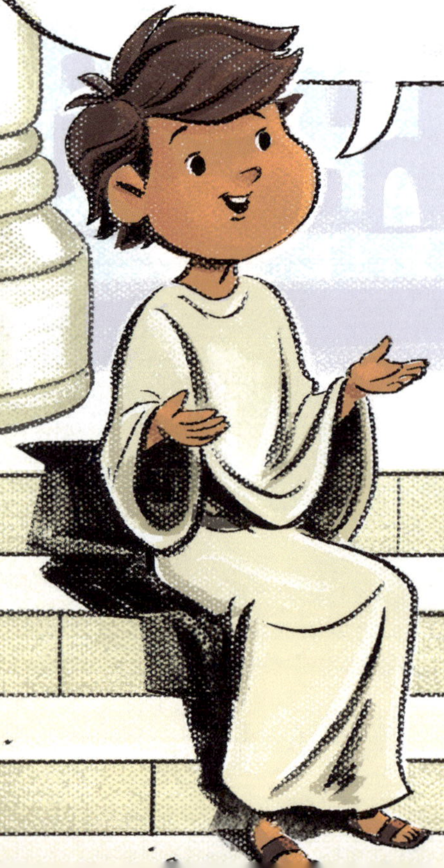

알지 못하셨나이까?

## 부호 힌트

< 왼쪽
> 오른쪽
· 그대로

# 그 말이 진짜야?

아래의 문장은 참일까요? 거짓일까요? 해당하는 내용에 ◯표 하세요.
성경에서 누가복음 2장 40~52절을 찾아 답을 확인해 보세요.

| | 참 | 거짓 |
|---|---|---|
| 예수님은 부모님과 함께 유월절을 기념하러 예루살렘에 가셨어요. (눅 2:41) | 참 | 거짓 |
| 예수님이 부모님과 함께 성전에 간 것은 18살 때였어요. (눅 2:42) | 참 | 거짓 |
| 마리아와 요셉은 예수님과 함께 예루살렘을 떠나 집으로 돌아갔어요. (눅 2:43) | 참 | 거짓 |
| 마리아와 요셉은 성전에서 예수님을 찾았어요. (눅 2:46) | 참 | 거짓 |
| 예수님은 부모님께 불순종하셨어요. (눅 2:51~52) | 참 | 거짓 |

## 나만의 기록장

예수님, 성경, 그리고 교회에 관해 궁금한 점들을 적어 보세요. 하나님은 여러분이 질문들의 답을 찾을 수 있도록 지혜를 주시고 가르쳐 주세요.

**기도**

하나님, 우리를 위해 예수님을 보내 주셔서 감사합니다. 예수님이 온 세상을 구원하시려는 하나님의 계획을 아셨던 것처럼 우리도 지혜와 키가 자라 가는 동안 하나님의 뜻을 더욱 알아 가게 해 주세요. 그리고 예수님이 하나님께 순종하신 것처럼 우리도 하나님의 뜻에 순종할 수 있도록 인도해 주세요. 예수님의 이름으로 기도합니다. 아멘.

**가족과 함께해요**

- 예수님은 왜 예루살렘에 남았나요?
- 예수님이 '아버지의 집'이라고 했을 때, 누구에 대해 말씀하신 것인가요?
- 하나님이 우리의 아버지이신 것을 어떻게 알 수 있나요?
- 함께 읽을 말씀 : 사 5~6장, 9장, 11장

# 5 예수님이 세례를 받으셨어요



**주제** 예수님은 죄인들처럼 세례를 받으셨어요.

세례 요한은 사람들에게 큰 소리로 외쳤습니다. "회개하고 세례를 받으십시오! 천국이 가까이 왔습니다!"

어떤 사람들이 요한에게 가서 당신은 누구냐고 묻자 요한은 "나는 그리스도가 아닙니다"라고 대답했습니다. 요한은 자신이 이사야 선지자가 말한 사람이라고 말했습니다. "나는 '주를 위해 길을 곧게 하라!'라고 광야에서 외치는 사람의 소리요."

요한에게는 매우 중요한 임무가 있었습니다. 하나님이 약속하신 메시아인 예수님이 오시기 전에 사람들을 준비시키는 것이었습니다. 요한의 말을 들은 사람들은 회개하기 시작했습니다. 그들은 죄에서 돌이켜 하나님께 용서를 구했습니다. 요한은 요단강에서 사람들에게 세례를 주었습니다. 세례는 사람들의 죄가 씻겼음을 상징합니다.

요한이 말했습니다. "나보다 능력이 더 많으신 분이 내 뒤에 오실 것입니다. 나는 여러분에게 물로 세례를 주지만 그분은 여러분에게 성령으로 세례를 주실 것입니다"라고 말했습니다. 어른이 된 예수님이 요한에게 세례를 받으시려고 갈릴리 나사렛에서 요단강으로 오셨습니다. 예수님을 본 요한은 "보시오, 세상 죄를 지고 가는 하나님의 어린양이십니다!"라고 말했습니다.

예수님은 요한에게 세례를 받으려 하셨습니다. 그러나 요한은 자신이 예수님께 세례를 주는 것이 옳지 않다고 생각했습니다. 요한은 자신의 죄를 고백하는 사람들에게 세례를 주었지만, 예수님은 아무 죄도 짓지 않으셨기 때문입니다!

예수님이 말씀하셨습니다. "지금은 그렇게 하도록 하여라. 이렇게 해서 우리가 모든 의를 이루는 것이 옳다." 요한은 그 말을 따라 예수님께 세례를 베풀었습니다.

세례를 받으신 예수님이 물에서 올라오셨습니다. 그때 하늘이 열리고, 성령이 비둘기 같이 내려와 예수님에게 임하셨습니다. 그리고 하늘에서 소리가 들려왔습니다. "이는 내가 사랑하는 아들이다. 내가 그를 기뻐한다!"

## 가스펠 링크

예수님은 죄가 없으셨지만 죄인들처럼 세례를 받으셨습니다. 세례는 예수님의 죽음과 부활을 상징합니다. 또한 우리가 예수님을 믿을 때, 죄에서 돌이켜 예수님을 위해 사는 새로운 삶을 살게 된다는 사실을 기억하게 합니다.

# 예수님을 붙여라

색종이나 47쪽의 색지를 손으로 잘게 찢어 붙여 세례를 받으시는
예수님의 모습을 모자이크 그림으로 완성해 보세요.

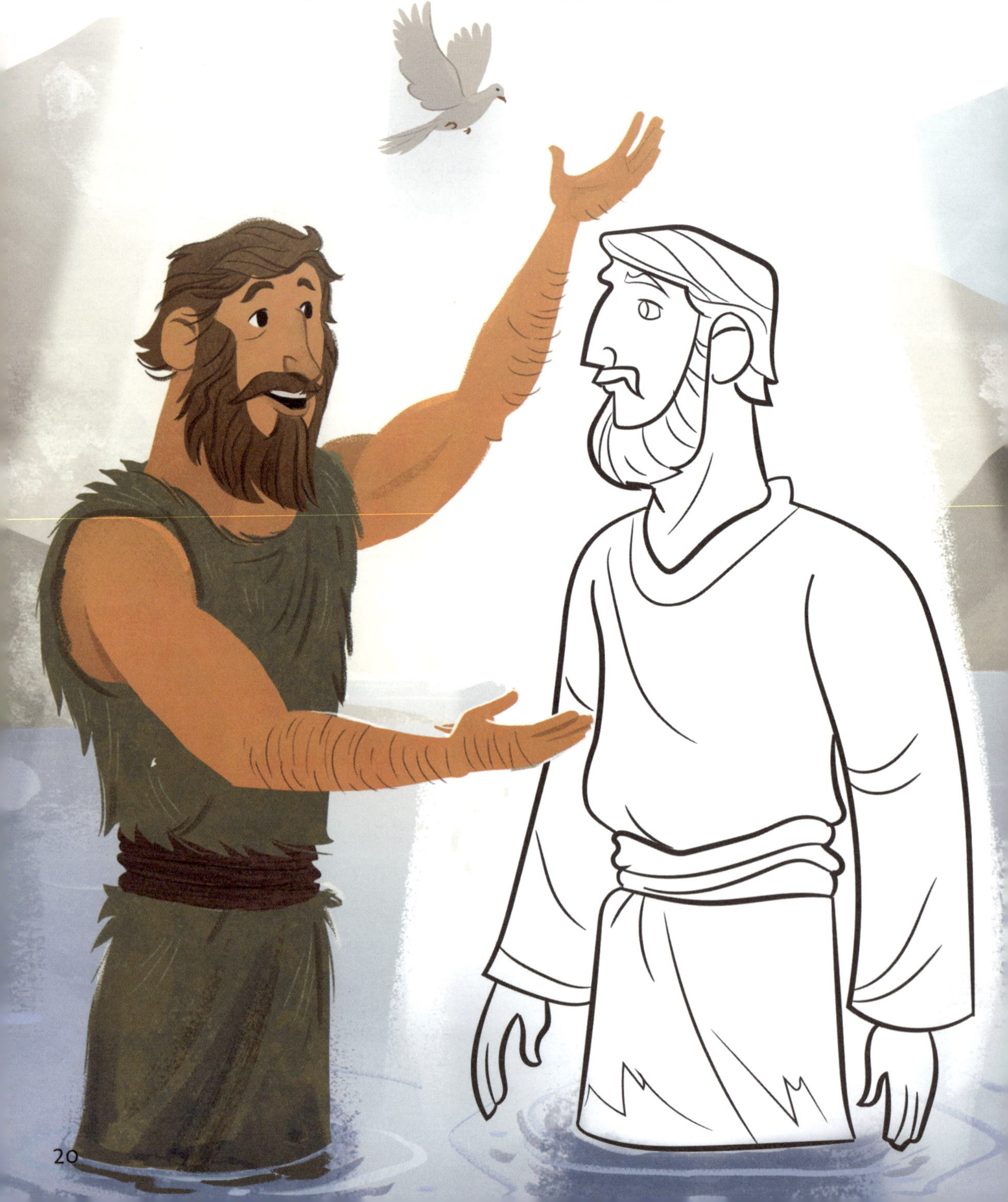

# 낱말을 찾아라

가로세로 힌트를 풀어 자모음 십자 퍼즐을 완성해 보세요.
예수님이 받으신 세례의 의미를 생각해 보세요.

## 가로 힌트

1 ___ ___ 란 죄에서 돌이켜 하나님께로 돌아가는 것을 뜻해요. (막 1:4)

2 이 사람은 복장이 독특했어요. (막 1:6)

3 "보라 세상 죄를 지고 가는 하나님의 ___ ___ ___이로다." (요 1:29)

4 세례 요한은 ___로 세례를 주었어요. (막 1:8)

5 예수님은 이곳에서 세례를 받으셨어요. (마 3:13)

## 세로 힌트

6 예수님은 ___ ___ (으)로 세례를 주셨어요. (막 1:8)

7 죄가 씻겼음을 상징하는 행위예요. (막 1:4)

8 예수님은 ___ ___ ___ 의 아들이세요. (막 1:1)

9 예수님은 ___ 를 지으신 적이 없어요. (마 3:14~15)

10 성령이 이 동물의 모습으로 예수님께 임하셨어요. (마 3:16)

## 나만의 기록장

주변에 세례에 관해 들어 보지 못한 사람이 있나요? 그 사람에게 세례의 의미를 어떻게 알려 줄 수 있을지 적어 보세요.

**기도**

하나님, 예수님은 용서받아야 할 죄가 없으셨지만 세례를 받으셨습니다. 우리가 예수님을 믿고 죄에서 돌이켜 하나님의 자녀가 되게 해 주셔서 감사합니다. 사람들과 이 복음을 함께 나누게 도와주세요. 예수님의 이름으로 기도합니다. 아멘.

**가족과 함께해요**

- 세례 요한은 예수님께 세례를 베풀기 전과 후에 어떤 생각이 들었을까요?
- 하나님이 우리를 사랑하신다는 것을 어떻게 알 수 있나요?
- 세례를 받아야만 구원을 얻을 수 있을까요? (아니오, 세례가 구원을 주는 것은 아니에요. 세례는 예수님을 믿는 자에게 죄 씻음을 받았다는 것을 확신하게 하기 위해 주는 의식이에요.)
- 함께 읽을 말씀 : 미 2~3장, 6~7장

# 6 예수님이 시험을 이기셨어요



**주제** 예수님이 광야에서 시험받으셨어요.

예수님은 세례를 받으신 후에 성령에 이끌리어 마귀에게 시험을 받으러 광야로 가셨습니다. 예수님은 40일 밤낮을 금식하셨습니다. 40일 동안 아무것도 드시지 못한 예수님은 배가 고팠습니다. 그때 마귀가 예수님께 다가와 말했습니다. "네가 하나님의 아들이라면 이 돌들이 떡이 되게 해 보아라."

하지만 예수님은 그렇게 하지 않으셨습니다. 능력을 사용하는 대신 필요를 채워 주시는 하나님을 신뢰하셨습니다. 예수님이 마귀에게 말씀하셨습니다. "성경에 '사람이 떡으로만 사는 것이 아니라 하나님의 입에서 나오는 모든 말씀으로 살 것이다'라고 기록됐다."

마귀는 다시 예수님을 시험했습니다. 그는 예수님을 예루살렘 성전 꼭대기에 세우고 말했습니다. "네가 정말 하나님의 아들이라면 뛰어내려 보아라." 마귀는 성경에 있는 말씀을 사용했습니다. 그러나 예수님은 마귀의 말이 어리석다는 것을 아셨습니다. 예수님이 다시 말씀하셨습니다. "또 성경에 기록되기를 '주 너의 하나님을 시험하지 말라'라고 하였다."

이번에 마귀는 예수님을 아주 높은 산으로 데려갔습니다. 그는 예수님께 세상 모든 나라와 그 영광을 보여 주었습니다. "네가 만약 내게 엎드려 경배하면 이 모든 것을 너에게 주겠다." 예수님은 이번에도 마귀의 유혹에 넘어가지 않으셨습니다. 예수님이 말씀하셨습니다. "사탄아, 물러가라! 성경에 기록되기를 '주 너의 하나님께 경배하고 오직 그분만을 섬기라'라고 하였다." 그러자 마귀가 예수님을 떠나고 천사들이 와서 예수님을 섬겼습니다. 예수님은 마귀의 시험을 받는 동안 결코 죄를 짓지 않으셨습니다.

## 가스펠 링크

예수님은 시험받으셨지만, 하나님을 신뢰하며 결코 죄를 짓지 않으셨습니다. 완전한 희생 제물이신 죄 없는 예수님은 십자가에서 죽으심으로 우리를 죄에서 구원하고 시험에 맞서 싸울 힘을 우리에게 주셨습니다.

# 하나님의 말씀에

예수님이 광야에서 시험받으셨어요. 이모티콘에 해당하는 자음을 모아
예수님이 하신 말씀의 핵심 단어가 무엇인지 맞혀 보세요.

### 첫 번째 시험

사람이 ______으로만 살 것이 아니요

하나님의 입으로부터 나오는

모든 __________으로 살 것이라 하였느니라

마태복음 4장 4절

### 두 번째 시험

______ 너의 ____________ ____________을

__________ ______하지 말라 하였느니라

마태복음 4장 7절

### 세 번째 시험

주 너의 ________________께 __________하고

다만 그를 섬기라 하였느니라

마태복음 4장 10절

# 어리석은 시험

마귀는 광야에서 에수님을 어떻게 시험했나요? 성경에서 마태복음 4장 1~10절을 찾아 순서에 맞게 그림에 번호를 쓰고, 마귀의 시험에 답하신 예수님의 말씀이 담긴 성경 구절을 그림 아래 빈칸에 적어 보세요.

### 나만의 기록장

죄를 짓도록 유혹을 받았던 적이 있나요? 어떤 유혹이었는지 적어 보세요. 죄의 유혹을 이겨 낼 방법은 어떤 것이 있을지 생각해 보세요.

| 기도 | 하나님, 우리에게 말씀을 주셔서 하나님이 어떤 분인지 보여 주시고 유혹과 싸우도록 도와 주셔서 감사합니다. 예수님이 말씀과 믿음으로 유혹에 맞서 싸우신 것처럼 우리도 하나님의 말씀을 더욱 붙들며 살도록 인도해 주세요. 언제나 우리를 붙드시고 힘 주시는 하나님을 의지합니다. 예수님의 이름으로 기도합니다. 아멘. |
|---|---|

**가족과 함께해요**

- 시험을 당할 때 어떻게 반응하나요?
- 예수님은 시험을 받으셨지만 결코 죄를 짓지 않으셨다는 사실은 왜 중요한가요?
- 함께 읽을 말씀 : 왕하 16~17장; 사 13~14장

# 7 니고데모가 예수님을 찾아왔어요

요 3:1~21

**주제** 예수님은 니고데모에게 그가 다시 태어나야 한다고 말씀하셨어요.

예수님은 유월절 만찬을 위해 예루살렘으로 가셨습니다. 어느 날 밤 유대인의 지도자 한 사람이 예수님을 만나러 왔습니다. 그의 이름은 니고데모였습니다. 그는 예수님에 대해 더 알고 싶었습니다.

예수님을 찾아온 니고데모가 말했습니다. "랍비여, 우리는 선생님이 하나님으로부터 오신 분임을 압니다. 하나님이 함께하시지 않는다면, 선생님이 행하신 그런 표적들을 아무도 행할 수 없습니다."

예수님은 니고데모에게 "내가 진실로 진실로 너에게 말한다. 누구든지 다시 태어나지 않으면 하나님 나라를 볼 수 없다"라고 말씀하셨습니다.

니고데모는 혼란스러웠습니다. 그는 "나이가 들어 늙은 사람이 어떻게 다시 태어나겠습니까?"라고 예수님께 물었습니다.

예수님이 말씀하셨습니다. "내가 진실로 진실로 네게 말한다. 누구든지 물과 성령으로 태어나지 않으면 하나님 나라에 들어갈 수 없다. 육체에서 난 것은 육체이고 성령으로 난 것은 영이다."

예수님은 니고데모에게 "다시 태어나야 한다고 말한 것을 이상하게 여기지 말아라"라고 말씀하셨습니다. 하지만 니고데모는 여전히 이해하지 못했습니다. "어떻게 이런 일이 있을 수 있습니까?"

예수님이 말씀하셨습니다. "하늘에서 내려온 사람, 곧 인자 외에는 하늘로 올라간 사람이 없다. 모세가 광야에서 뱀을 든 것 같이 인자도 들려야 한다. 그것은 그를 믿는 사람마다 영생을 얻게 하려는 것이다." 예수님은 니고데모에게 하나님의 계획에 관해 말씀하셨습니다.

### 가스펠 링크

니고데모에게는 새로운 생명, 즉 영원한 생명이 필요했습니다. 그러나 어떤 것으로도 영원한 생명을 얻을 수 없었습니다. 영원한 생명은 하나님만이 주실 수 있는 선물입니다. 하나님은 세상을 이처럼 사랑하셔서 독생자를 주셨습니다. 그를 믿는 자는 멸망하지 않고 영원한 생명을 얻을 수 있습니다.

# 예수님께 가는 길

니고데모가 밤중에 예수님을 찾아왔어요.
니고데모가 예수님을 만날 수 있도록 미로를 통과해 보세요.

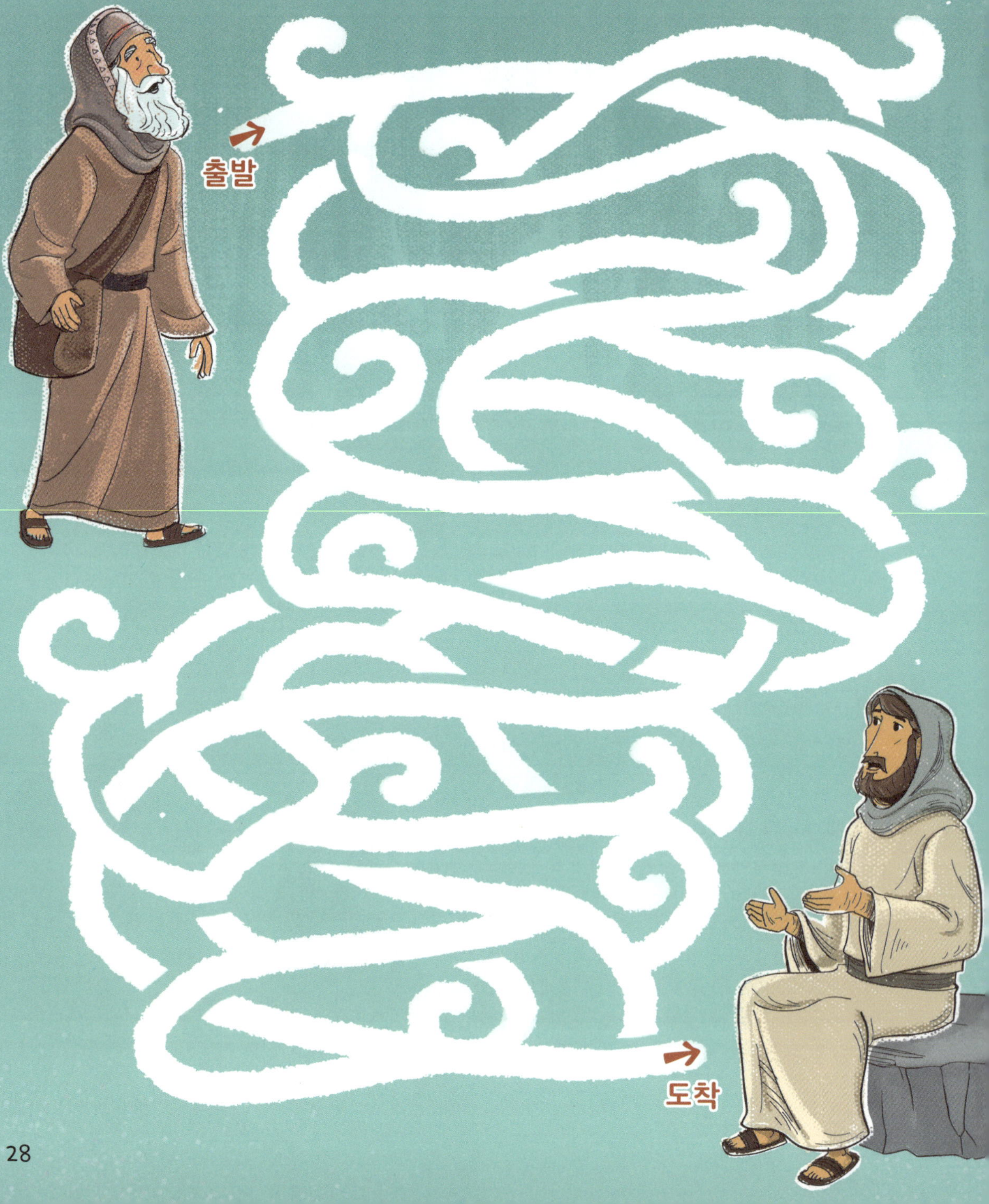

# 오직 한 길

보기의 단어들을 자모음으로 풀어 요한복음 14장 6절의 빈칸에 넣어 보세요.
그리고 동그라미 안에 있는 자모음을 조합해 아래 문장을 완성해 보세요.



진리, 아버지, 생명, 예수, 길

___________께서 이르시되

내가 곧 _______이요 ______________요

________________이니

나로 말미암지 않고는 ________________께로

올 자가 없느니라(요 14:6).

____원한 ____명은

하나님만이 주실 수 있는 _______이에요.

## 나만의 기록장

스스로 할 수 있는 일과 다른 사람의 도움이 필요한 일은 어떤 것이 있는지 목록을 작성해 보세요. 구원은 우리 스스로 이루어 낼 수 있나요? 구원을 얻기 위해서는 누구의 도움이 필요한가요?

**기도**

하나님, 우리 힘으로는 다시 태어날 수 없지만 예수님이 우리를 위해 십자가에서 죽으시고 다시 살아나심으로 우리가 영원한 생명을 얻게 되었습니다. 예수님을 믿고 하나님의 자녀로 다시 태어나게 해 주셔서 감사합니다. 예수님의 이름으로 기도합니다. 아멘.

**가족과 함께해요**

- 니고데모는 다시 태어나야 한다는 예수님의 말씀을 듣고 왜 혼란스러웠나요?
- 예수님이 거듭나야 한다고 하신 말씀은 무슨 뜻일까요?
- 우리는 어떻게 하나님의 가족으로 거듭날 수 있나요?
- 함께 읽을 말씀 : 사 20장, 22장, 24~25장

# 8 세례 요한이 예수님에 관해 말했어요

**주제** 예수님은 하늘에서 이 땅으로 오셨어요.

예수님은 제자들과 함께 예루살렘을 떠나 유대 땅으로 가셨습니다. 예수님이 그곳에서 지내시는 동안 사람들이 예수님을 찾아왔습니다. 예수님은 사람들을 가르치시고 세례를 베푸셨습니다.

세례 요한도 가까운 곳에서 사람들에게 세례를 베풀고 있었습니다. 세례 요한을 따르던 몇몇 사람들이 논쟁을 벌였습니다. 그들은 세례 요한에게 가서 "랍비여, 보십시오. 요단강 건너편에서 선생님과 함께 계시던 분, 곧 선생님께서 증언하신 그분이 세례를 주고 있는데, 사람들이 모두 그분에게로 모여듭니다"라고 말했습니다.

세례 요한은 그들에게 이렇게 대답했습니다. "내가 전에 '나는 그리스도가 아니고 그분보다 앞서 보냄을 받은 사람이다'라고 한 말을 증언할 사람들은 바로 너희다."

세례 요한은 결혼식을 예로 들어 설명했습니다. 결혼식에서 신부와 결혼하는 사람은 신랑입니다. 신랑의 친구는 신랑을 기다렸다가 신랑의 음성이 들리면 기뻐합니다. 신랑의 친구가 기뻐하는 마음, 이것이 세례 요한이 느꼈던 마음입니다. 그는 메시아이신 예수님이 오셔서 기뻤습니다.

세례 요한은 "그는 흥하여야 하고, 나는 쇠하여야 한다"라고 말했습니다. 그리고 "아버지께서는 아들을 사랑하셔서 모든 것을 아들의 손안에 맡기셨다. 아들을 믿는 사람에게는 영생이 있다. 그러나 아들에게 순종하지 않는 사람은 생명을 보지 못하고 도리어 하나님의 진노를 받게 된다"라고 말했습니다.

## 가스펠 링크

세례 요한은 사람들에게 약속된 메시아이신 예수님의 오심을 예비하라고 말했습니다. 예수님이 이 땅에 오셔서 사역을 시작하시자 세례 요한은 사명을 다하고 기꺼이 물러났습니다.

# 복음을 향하여

연대표의 빈칸을 채우고, 친구와 동전 던지기 게임을 하며
창조부터 지금까지 변함없는 '하나님의 구원 계획'(가스펠 프로젝트)을 따라가 보세요.
그 계획 안에 예수님은 어떤 분이신지 기억해 보세요.

## 동전 던지기 게임

동전의 앞(그림)이 나오면 1칸, 뒤(숫자)가
나오면 2칸을 움직여 '다시 오실 그리스도'
에 도착해 보세요. 47쪽의 게임 말을 오려
사용하세요.

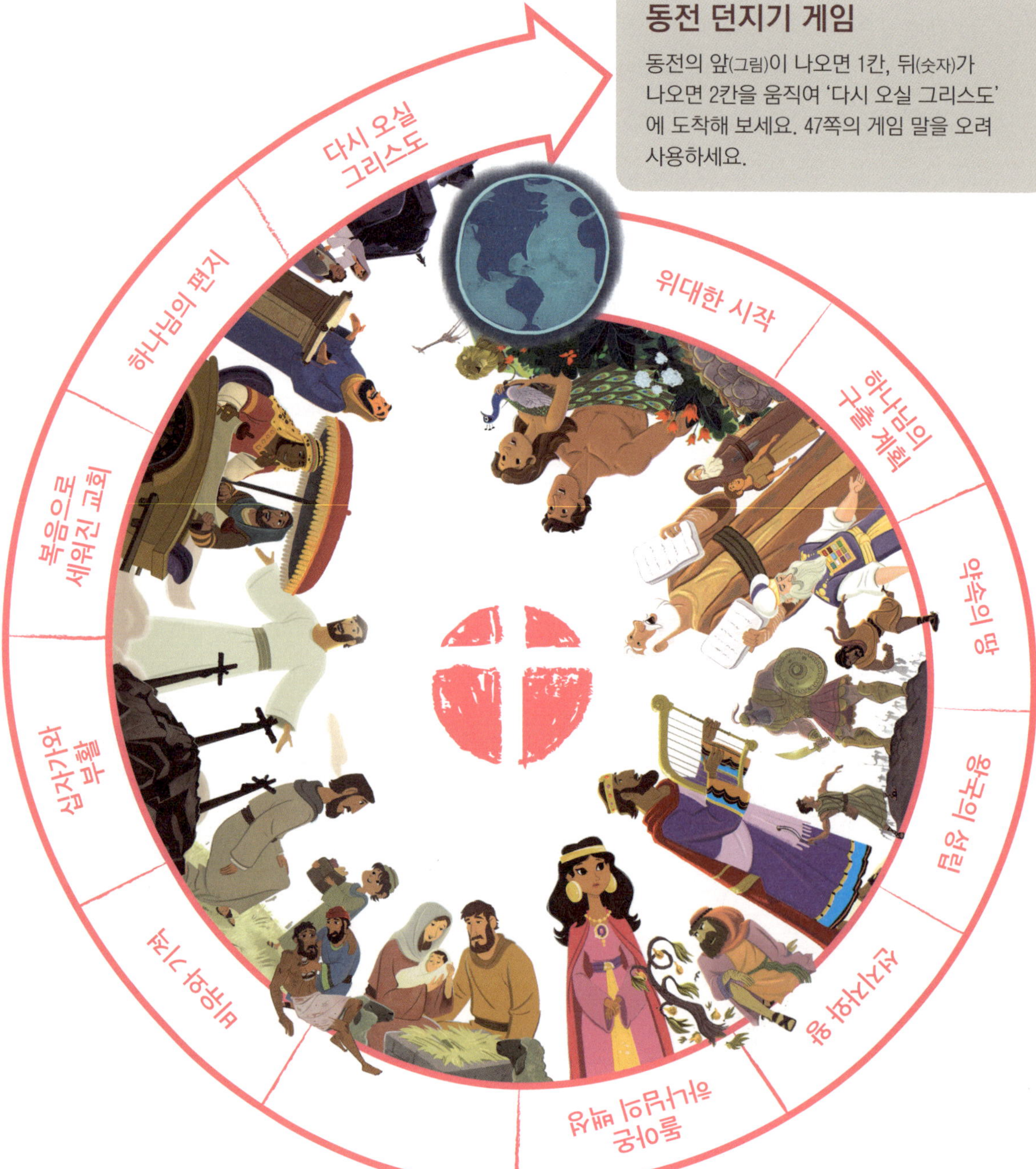

# 불을 켜요!

왼쪽에 있는 전구와 오른쪽에 있는 소켓을 알맞게 연결해 문장을 완성해 보세요.

### 나만의 기록장

예수님이 어떤 분인지 궁금해하는 사람들에게 예수님을 어떻게 소개할 수 있을까요? 예수님의 어떤 점을 설명하면 좋을까요? 글로 써 보세요.

**기도**

하나님, 아들이신 예수님을 우리에게 보내 주셔서 감사합니다. 우리가 예수님을 그 무엇보다 가장 소중한 보물로 여기도록 도와주세요. 그리고 하나님이 주신 이 소중한 보물을 다른 사람에게 소개하고 함께 기뻐하게 해 주세요. 예수님의 이름으로 기도합니다. 아멘.

**가족과 함께해요**

- 내가 아닌 다른 사람이 주목받는 것을 보는 일은 왜 어려운가요?
- 예수님이 세례 요한 대신 주목을 받으셔야 하는 이유는 무엇인가요?
- 예수님이 우리의 삶에서 가장 중요하다는 것을 어떻게 나타낼 수 있나요?
- 함께 읽을 말씀 : 대하 29~31장; 사 28장, 30장

# 9 예수님이 사마리아 여인을 만나셨어요

**주제** 예수님은 사마리아 여인에게 자신이 메시아라고 말씀하셨어요.

예수님은 갈릴리로 돌아가기 위해 길을 떠나셨습니다. 제자들과 함께 사마리아 지역을 지나시던 예수님은 '수가'라는 마을의 우물가에서 잠시 쉬셨습니다. 제자들은 음식을 구하러 마을에 들어갔습니다.

그때 한 사마리아 여인이 물을 길으러 왔습니다. 예수님이 여인에게 "내게 물 좀 떠 주겠느냐?" 하고 물으셨습니다. 여인은 깜짝 놀라 대답했습니다. "선생님은 유대 사람인데, 어떻게 사마리아 여자인 나에게 물을 달라고 하십니까?"

예수님은 "네가 하나님의 선물을 알고, 또 너에게 물을 달라는 사람이 누구인지를 알았더라면, 도리어 네가 그에게 부탁했을 것이고, 그는 너에게 생수를 주었을 것이다"라고 말씀하셨습니다. 사마리아 여인은 어리둥절했습니다.

예수님이 말씀하셨습니다. "이 물을 마시는 사람마다 다시 목마를 것이다. 그러나 내가 주는 물을 마시는 사람은 영원히 목마르지 않을 것이다."

"선생님, 제게 그 물을 주십시오. 제가 목마르지도 않고 다시는 물을 길으러 여기까지 나오지 않게 해 주십시오"라고 여인이 말했습니다.

사마리아 여인이 다시 말했습니다. "저는 그리스도라고 하는 메시아가 오실 것을 압니다. 그가 오시면 우리에게 모든 것을 알려 주실 것입니다."

그때 예수님이 말씀하셨습니다. "너에게 말하고 있는 내가 바로 그 메시아다."

사마리아 여인은 마을로 돌아가 사람들에게 말했습니다. "내가 과거에 한 일을 모두 말해 준 분이 계십니다. 와서 보십시오. 이분이 그리스도가 아니겠습니까?" 많은 사마리아인이 여인의 말을 듣고 예수님을 믿었습니다.

## 가스펠 링크

예수님은 사마리아 여인에게 누구도 줄 수 없는 생명의 물을 주셨습니다. 예수님은 육체적으로 마실 수 있는 물이 아니라, 영적인 목마름을 채워 줄 성령님에 관해 말씀하셨습니다. 예수님은 믿음으로 그분께 나아오는 모든 사람에게 성령님을 주십니다.

# 성경 단어마다 점수가!

친구와 함께 35쪽 성경 이야기에 나오는 단어(명사)들로
자모음 퍼즐 게임을 해 보세요.

<table>
<tr><td>x3</td><td></td><td></td><td></td><td>3</td><td></td><td>x3</td><td></td><td>3</td><td></td><td></td><td></td><td>x3</td></tr>
<tr><td></td><td>2</td><td></td><td></td><td></td><td>2</td><td></td><td>2</td><td></td><td></td><td></td><td>2</td><td></td></tr>
<tr><td></td><td></td><td>2</td><td></td><td></td><td></td><td>2</td><td></td><td></td><td></td><td>2</td><td></td><td></td></tr>
<tr><td></td><td></td><td></td><td>3</td><td></td><td></td><td></td><td></td><td></td><td>3</td><td></td><td></td><td></td></tr>
<tr><td>3</td><td></td><td></td><td></td><td>3</td><td></td><td></td><td></td><td>3</td><td></td><td></td><td></td><td>3</td></tr>
<tr><td></td><td>2</td><td></td><td></td><td></td><td>2</td><td></td><td>2</td><td></td><td></td><td></td><td>2</td><td></td></tr>
<tr><td>x3</td><td></td><td>2</td><td></td><td></td><td></td><td colspan="3">시작</td><td></td><td>2</td><td></td><td>x3</td></tr>
<tr><td></td><td>2</td><td></td><td></td><td></td><td>2</td><td></td><td>2</td><td></td><td></td><td></td><td>2</td><td></td></tr>
<tr><td>3</td><td></td><td></td><td></td><td>3</td><td></td><td></td><td></td><td>3</td><td></td><td></td><td></td><td>3</td></tr>
<tr><td></td><td></td><td></td><td>3</td><td></td><td></td><td></td><td></td><td></td><td>3</td><td></td><td></td><td></td></tr>
<tr><td></td><td></td><td>2</td><td></td><td></td><td></td><td>2</td><td></td><td></td><td></td><td>2</td><td></td><td></td></tr>
<tr><td></td><td>2</td><td></td><td></td><td></td><td>2</td><td></td><td>2</td><td></td><td></td><td></td><td>2</td><td></td></tr>
<tr><td>x3</td><td></td><td></td><td></td><td>3</td><td></td><td>x3</td><td></td><td>3</td><td></td><td></td><td></td><td>x3</td></tr>
</table>

## 게임 방법

1 순서를 정한다.

2 첫 번째 주자가 보드 위에 한 단어를 자모음으로 풀어 한 줄(가로 또는 세로)로 적는다. 첫 단어는 [시작] 칸을 포함해 적어야 한다.

3 다음 주자는 2번 단어의 한 자모음에 연결에 새로운 단어를 적는다.

4 더 이상 쓸 자리가 없다고 생각될 때까지 게임을 계속 한다.

## 점수 계산법(49쪽 점수 기록장을 사용하세요.)

1 단어를 적은 칸의 수만큼 점수를 얻는다.

2 숫자가 적히지 않은 모든 칸은 한 칸에 1점, '2'가 적힌 칸은 2점, '3'이 적힌 칸은 3점으로 계산한다.

3 'x3'칸을 포함해 단어를 완성하면 얻은 점수의 3배를 얻는다.

※ 홈페이지 자료실의 예시 영상을 참고하세요.

# 생수가 되신 예수님

우물 안에 떠 있는 자모음 중 같은 숫자가 적힌 짝을 찾아
아래 빈칸에 맞춰 넣어 보세요. 어떤 메시지가 나오나요?

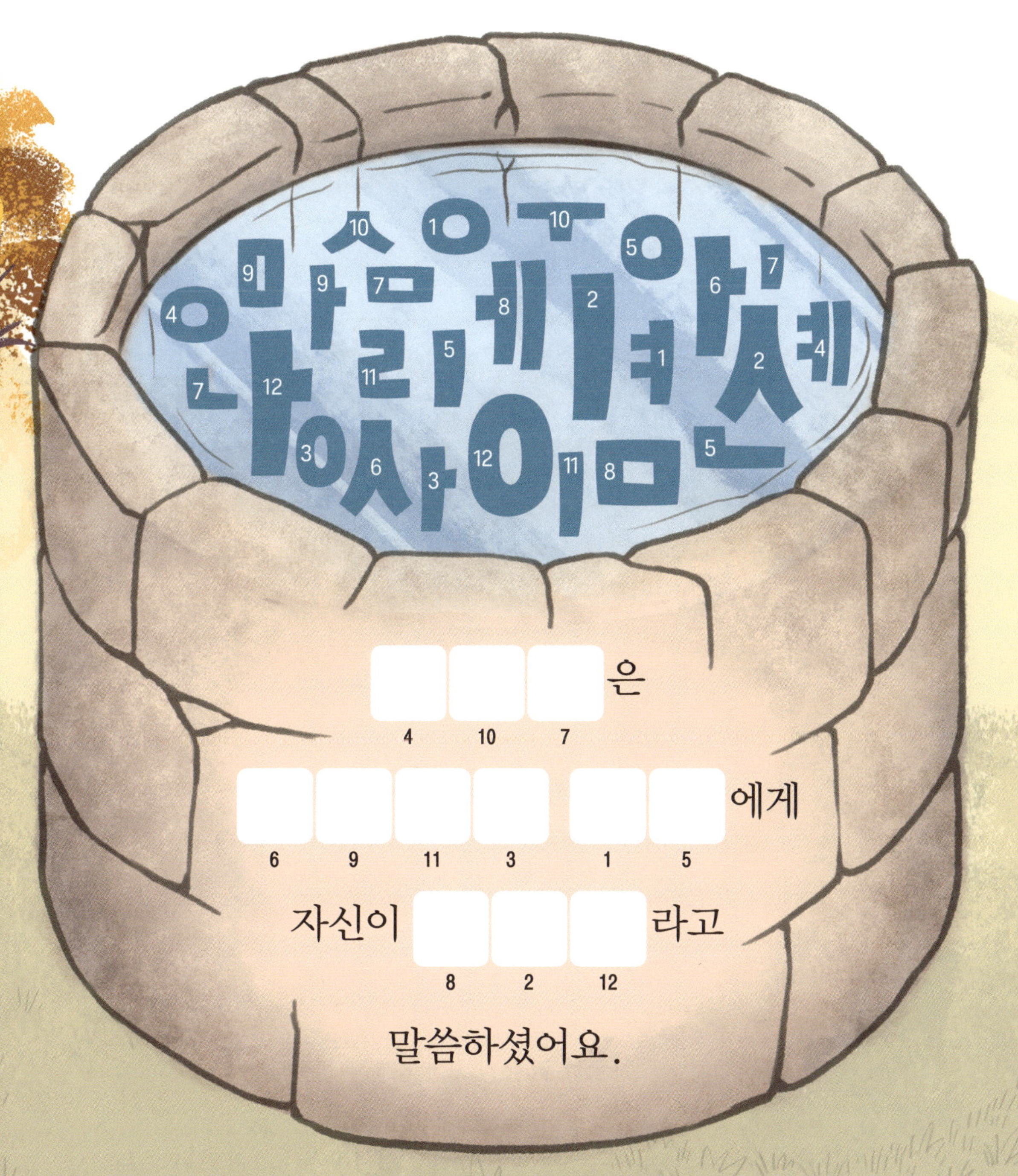

## 나만의 기록장

내가 믿는 예수님은 어떤 분인지 써 보세요. 그리고 왜 예수님을 믿는지 그 이유를 적어 보세요.

**기도**

하나님, 우리에게 생명의 물을 주셔서 영원히 목마르지 않게 해 주셔서 감사합니다. 우리도 사마리아 여인처럼 참된 구원자이신 예수님의 이름을 이웃에게 전하기를 소망합니다. 만나는 사람들에게 구원자 예수님을 전하게 해 주세요. 예수님의 이름으로 기도합니다. 아멘.

**가족과 함께해요**

- 성경에서 말하는 '생명의 물'은 무엇이고, 그것은 어떻게 얻을 수 있을까요?
- 우리가 이 놀라운 '생명의 물'에 대해 전해야 할 사람은 누가 있을까요?
- 함께 읽을 말씀 : 사 32장, 35~37장; 시 76편

# 10 예수님이 고향에서 거절당하셨어요



**주제** 예수님은 성경이 자신에 대해 기록하고 있다고 말씀하셨어요.

예수님이 고향인 나사렛으로 가셨습니다. 안식일이 되자 늘 하시던 대로 회당에 들어가셨습니다.

예수님은 성경을 읽기 위해 일어나셨습니다. 그리고 이사야 선지자의 글을 읽으셨습니다. "주의 성령이 내게 임하셨으니 이는 가난한 자에게 복음을 전하게 하시려고 내게 기름을 부으시고 나를 보내사 포로된 자에게 자유를, 눈먼 자에게 다시 보게 함을 전파하며 눌린 자를 자유롭게 하고 주의 은혜의 해를 전파하게 하려 하심이라." 예수님은 글을 읽으신 후 자리에 앉으셨습니다.

회당에 있던 모든 사람이 예수님을 주목했습니다. 예수님이 말씀하셨습니다. "오늘 이 말씀이 너희가 듣는 이 자리에서 이루어졌다." 사람들은 예수님이 하시는 은혜로운 말씀에 놀랐습니다. 그러나 나사렛에 사는 어떤 사람들은 예수님을 어렸을 때부터 알고 있었습니다. 그들은 "이 사람이 요셉의 아들이 아닌가?"라고 말했습니다.

예수님은 사람들에게 선지자 엘리야와 엘리사를 떠올리게 하셨습니다. 이스라엘에 엄청난 가뭄이 들어 3년 반 동안 비가 내리지 않았을 때, 하나님은 엘리야가 이스라엘의 과부들을 돕는 대신 다른 나라에 있는 과부를 돕도록 보내셨습니다.

엘리사가 선지자였을 때, 이스라엘에는 한센병에 걸린 사람들이 많았습니다. 그들은 병이 낫기를 원했지만 엘리사는 그들을 고치지 않았습니다. 대신 나아만이라는 아람 사람을 고쳤습니다.

회당에서 예수님의 말씀을 들은 사람들은 화가 났습니다. 그들은 예수님을 마을 밖으로 내쫓았습니다. 낭떠러지에서 예수님을 밀쳐 떨어뜨리려고 했습니다. 하지만 예수님은 사람들 한가운데를 지나 떠나가셨습니다.

### 가스펠 링크

이사야 선지자는 메시아를 보내겠다는 하나님의 계획을 예수님이 태어나시기 수백 년 전에 기록했습니다. 메시아는 좋은 소식을 전하고, 깨지고 상한 사람들을 구원할 것입니다. 예수님은 이사야의 글을 읽으시고, 듣고 있던 모든 사람에게 자신이 바로 그 메시아라고 말씀하셨습니다.

# 누가 이야기했을까요?

말풍선 속의 말과 그 말을 한 사람을 연결해 보세요. 마지막 빈칸에는
나라면 예수님을 누구라고 고백할 것인지 빈칸에 적어 보세요.

사람이 늙으면
어떻게 날 수 있사옵나이까
(요 3:4)

내가 행한 모든 일을
내게 말한 사람을 와서 보라
이는 그리스도가 아니냐
(요 4:29)

그는 흥하여야 하겠고
나는 쇠하여야 하리라
(요 3:30)

주의 성령이 내게 임하셨으니 이는
가난한 자에게 복음을…포로 된
자에게 자유를, 눈 먼 자에게 다시
보게 함을 전파하며 눌린 자를
자유롭게 하고 (눅 4:18)

# 같은 말씀, 다른 반응

예수님의 이야기를 들은 사람들은 서로 다른 반응을 보였어요.
사람들이 지었을 다양한 표정을 얼굴 안에 그려 보세요.
오늘 나는 어떤 표정으로 예배했는지 한 얼굴을 정해 그려 보세요.

### 보물 상자

### 나만의 기록장

누군가에게 거절당한 경험이 있거나 그런 상황을 상상해 본 적이 있나요? 그 기분을 그림이나 글로 표현해 보세요. 하나님이 우리를 받아 주셨다는 것을 깨달았을 때는 어떤 생각이 들었나요? 하나님께 감사드리는 기도를 써 보세요.

**기도**

하나님, 말씀을 주셔서 감사합니다. 그리고 말씀이신 예수님을 우리에게 보내 주셔서 감사합니다. 우리는 죄인이어서 예수님을 거절했지만, 하나님은 우리를 받아 주셔서 감사합니다. 어떤 상황에서도 예수님을 믿을 수 있게 도와주세요. 예수님의 이름으로 기도합니다. 아멘.

**가족과 함께해요**

- 나사렛은 예수님과 어떤 관련이 있는 곳인가요?
- 나사렛 사람들은 왜 기적을 보기 원했나요?
- 나사렛 사람들은 왜 예수님을 거절했나요?
- 함께 읽을 말씀 : 사 40장; 왕하 20장

# 11 예수님이 삭개오를 만나셨어요



예수님이 여리고에 가셨습니다. 여리고에는 삭개오라는 사람이 살고 있었습니다. 삭개오는 세리장이었고 매우 부자였습니다. 그는 여리고에 사는 유대인들에게 세금 거두는 일을 책임지고 있었습니다. 대부분의 유대인은 세리를 좋아하지 않았습니다. 세리들이 정직하지 않았기 때문입니다. 세리장이었던 삭개오도 사람들에게 미움을 받았습니다.

예수님이 마을에 오시자 많은 사람이 모였습니다. 삭개오는 예수님이 너무 보고 싶었지만, 키가 작았기 때문에 사람들의 어깨 너머로 볼 수가 없었습니다. 그래서 그는 앞으로 달려가 돌무화과나무(뽕나무) 위로 올라갔습니다.

그곳을 지나시던 예수님이 나무 아래 멈추셨습니다. 그러고는 고개를 들어 나무 위에 있는 삭개오를 보시고 말씀하셨습니다. "삭개오야, 어서 내려오너라. 내가 오늘 네 집에서 묵어야겠다." 삭개오는 예수님을 집에 모실 수 있어 너무나 기뻤습니다. 그래서 나무에서 얼른 내려왔습니다. 그러나 이 모습을 본 사람들은 불평하며 수군거렸습니다. "삭개오는 죄인이야! 그런데 예수님은 어떻게 죄인의 집에 가시겠다는 거지?"

예수님을 집에 모신 삭개오가 예수님께 말했습니다. "주님, 보십시오! 제가 가진 재산의 절반을 가난한 사람들에게 주겠습니다. 그리고 누군가를 속여 빼앗은 것이 있다면 4배로 갚아 주겠습니다."

예수님이 삭개오에게 말씀하셨습니다. "오늘 구원이 이 집에 이르렀다. 이 사람도 아브라함의 자손이다."

그리고 "인자는 잃어버린 자를 찾아 구원하러 왔다"라고 말씀하셨습니다. 예수님은 삭개오와 같은 사람들, 즉 하나님을 알지 못하는 사람들을 찾아 그들을 죄에서 구원하기 위해 이 땅에 오셨습니다.

## 가스펠 링크

예수님은 잃어버린 자를 찾아 구원하기 위해 이 땅에 오셨습니다. 자격 없는 죄인인 우리를 찾아오셔서 죄에서 구원해 주십니다. 예수님은 우리를 위해 십자가에서 죽으셨습니다. 예수님은 우리가 회개하고, 그분을 믿고 의지할 때 기뻐하십니다.

# 누굴 찾아 오셨을까?

43쪽의 이야기 성경을 읽고
빈칸에 알맞은 글자를 넣어 문장을 완성해 보세요.

예수님은 ◯◯◯◯ 자를 ◯◯

◯◯ 하기 위해 이 땅에 오셨어요.

예수님은 ◯◯◯◯ 죄인인 우리를 찾아오셔서

◯에서 ◯◯해 주세요.

예수님은 우리를 위해 ◯◯◯에서 죽으셨어요.

예수님은 우리가 ◯◯하고,

그분을 ◯◯ 의지할 때

◯◯하세요.

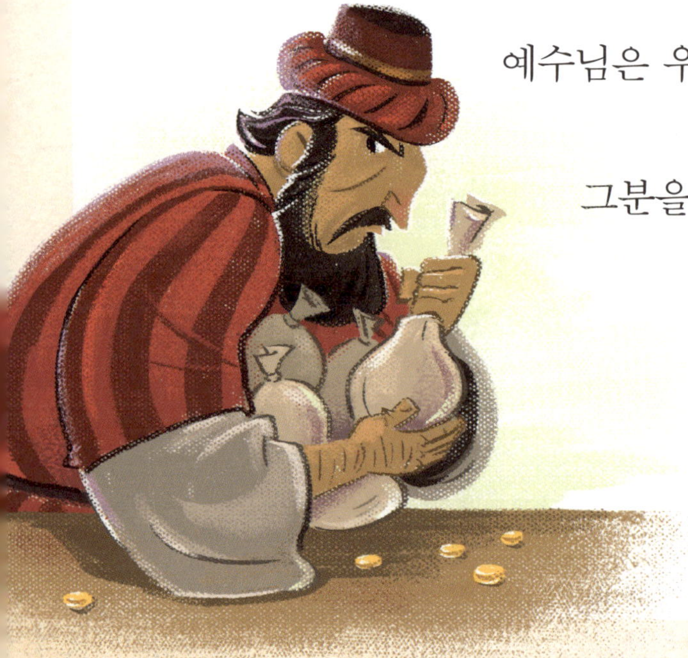

# 삭개오의 변화

예수님을 만난 삭개오가 변화되었어요. 두 그림을 살펴보고,
서로 다른 부분 10곳을 찾아 ○표 하세요.

## 나만의 기록장

가장 소중히 여기는 것은 무엇인가요? 그림이나 글로 표현해 보세요. 왜 그것을 가장 소중하게 여기는지 그 이유를 써 보세요.

**기도**

하나님, 이 땅에 예수님을 보내 주셔서 감사합니다. 우리의 노력으로는 해결할 수 없는 죄의 문제를 예수님이 오셔서 해결하시고 우리를 죄에서 구원해 주셨습니다. 예수님을 만난 삭개오가 변화된 것처럼, 우리도 새로운 모습으로 예수님을 더욱 닮아가게 해 주세요. 무엇보다 예수님을 가장 소중히 여기며 살아가도록 도와주세요. 예수님의 이름으로 기도합니다. 아멘.

**가족과 함께해요**

- 사람들은 예수님이 삭개오의 집에 머무시는 것을 보고 왜 불평했나요?
- 우리는 어떤 점에서 삭개오와 비슷한가요?
- 예수님을 만난 뒤 우리의 삶은 어떻게 바뀌었나요?
- 함께 읽을 말씀 : 사 43~44장, 48~49장

〈말〉

〈말 접는 법〉

——— 자르기

·········· 안으로 접기

– – – – 밖으로 접기

▨ 풀로 붙이기

밖으로 접기

풀로 붙이기

풀칠

풀칠

풀칠

| 이름 | |
|---|---|
| 회차 | 점수 |
| 1 | + |
| | = |
| 2 | + |
| | = |
| 3 | + |
| | = |
| 4 | + |
| | = |
| 5 | + |
| | = |
| 6 | + |
| | = |
| 7 | + |
| | = |
| 8 | + |
| | = |
| 9 | + |
| | = |
| 10 | + |
| | = |
| 총점 | |

| 이름 | |
|---|---|
| 회차 | 점수 |
| 1 | + |
| | = |
| 2 | + |
| | = |
| 3 | + |
| | = |
| 4 | + |
| | = |
| 5 | + |
| | = |
| 6 | + |
| | = |
| 7 | + |
| | = |
| 8 | + |
| | = |
| 9 | + |
| | = |
| 10 | + |
| | = |
| 총점 | |

가스펠 프로젝트
신약
1
위대한 복음
알콩달콩 가족 활동
메시지 카드
1단원
성자 하나님
1. 아브라함부터 예수님까지
마 1:1~17
2. 마리아가 하나님을 찬양했어요
눅 1:26~56
3. 예수님이 태어나셨어요
마 2:1~12; 눅 2:1~20
4. 예수님이 성전에 계셨어요
눅 2:40~52

## 1. 아브라함부터 예수님까지

**주제** 예수님은 아브라함과 다윗의 자손으로 오셨어요.

**가스펠 링크** 예수님은 평범한 아기의 모습으로 오셨어요. 이 땅에서 예수님의 부모는 마리아와 요셉이었지만, 예수님의 진정한 아버지는 하나님이세요. 하나님은 예수님을 보내서서 아브라함과 다윗에게 하신 약속을 지키셨어요. 예수님은 사람들을 죄에서 구원하고, 그들을 하나님의 가족이 되게 하세요.

**성경의 초점** 예수님은 어떤 점에서 특별한가요?
예수님은 완전한 하나님이시며, 완전한 인간이세요.

암송 요 3:16

## 4. 예수님이 성전에 계셨어요

**주제** 예수님은 하나님 아버지의 계획을 이루기 위해 이 땅에 오셨어요.

**가스펠 링크** 예수님은 아이였지만 하나님 아버지의 계획을 이루기 원하셨어요. 예수님은 키와 지혜가 점점 더 자라 가셨어요. 하나님 아버지의 계획을 위해 준비하고 계셨던 거예요. 그 계획은 예수님이 십자가에서 죽으심으로 모든 사람을 죄에서 구원하는 것이었어요.

**성경의 초점** 예수님은 어떤 점에서 특별한가요?
예수님은 완전한 하나님이시며, 완전한 인간이세요.

암송 요 3:16

---



## 3. 예수님이 태어나셨어요

**주제** 약속하신 메시아로 예수님이 오셨어요.

**가스펠 링크** 예수님의 탄생은 복음이에요. 예수님은 평범한 아기가 아니었어요. 하나님의 아들이신 예수님은 사람들을 죄에서 구원하고 그들의 왕이 되기 위해 이 땅에 오셨어요.

**성경의 초점** 예수님은 어떤 점에서 특별한가요?
예수님은 완전한 하나님이시며, 완전한 인간이세요.

암송 요 3:16

---

**부모님께** : 메시지 카드에는 아이들이 배운 성경 이야기의 주제와 단원별 성경의 초점, 암송 구절이 담겨 있습니다. 그림을 보며 성경 이야기를 회상하고 성경 본문을 찾아 함께 읽으며 가족들과 묵상을 나누어 보세요. 카드의 그림은 성경의 흐름을 기억할 수 있는 단서가 될 것입니다.

### 신약1 "위대한 복음"에 담긴 가스펠

400년의 침묵을 깨고, 하나님은 이스라엘 백성에게 약속하신 구원자로 하나님의 아들이신 예수님을 이 땅에 보내셨습니다. 예수님은 세례를 받으셨고, 광야에서 마귀의 시험을 이기시고 사역을 시작하십니다. 예수님을 만난 니고데모, 사마리아 여인, 삭개오의 삶은 변화되었고, 그들은 영원한 생명을 얻게 되었습니다. 예수님은 지금도 우리를 만나시며, 우리의 삶을 변화시키는 분이십니다. 그리고 우리가 하나님에게 가는 유일한 길이 되십니다.

## 2. 마리아가 하나님을 찬양했어요

**주제** 하나님은 마리아를 예수님의 어머니로 선택하셨어요.

**가스펠 링크** 마리아는 예수님의 어머니가 될 것이라는 하나님의 계획에 순종함으로 하나님께 영광을 돌렸어요. 이와 마찬가지로 예수님도 사람들을 죄에서 구원하기 위해 기꺼이 십자가에서 죽으심으로 하나님께 영광을 돌리셨어요.

**성경의 초점** 예수님은 어떤 점에서 특별한가요?
예수님은 완전한 하나님이시며, 완전한 인간이세요.

암송 요 3:16

# 2단원
## 우리와 함께 계시는 하나님

**5. 예수님이 세례를 받으셨어요**
마 3:13~17; 막 1:1~11; 눅 3:21~22; 요 1:19~34

**6. 예수님이 시험을 이기셨어요**
마 4:1~11

**7. 니고데모가 예수님을 찾아왔어요**
요 3:1~21

**8. 세례 요한이 예수님에 관해 말했어요**
요 3:22~36

**9. 예수님이 사마리아 여인을 만나셨어요**
요 4:1~42

2단원 암송

예수께서 이르시되
내가 곧 길이요 진리요 생명이니
나로 말미암지 않고는
아버지께로 올 자가 없느니라

요 14:6

## 6. 예수님이 시험을 이기셨어요

**주제** 예수님이 광야에서 시험받으셨어요.

**가스펠 링크** 예수님은 시험받으셨지만, 하나님을 신뢰하며 결코 죄를 짓지 않으셨어요. 완전한 희생 제물이신 죄 없는 예수님은 십자가에서 죽으심으로 우리를 죄에서 구원하고 시험에 맞서 싸울 힘을 우리에게 주셨어요.

**성경의 초점** 예수님은 어떤 점에서 특별한가요?
예수님은 완전한 하나님이시며, 완전한 인간이세요.

암송 요 3:16

## 5. 예수님이 세례를 받으셨어요

**주제** 예수님은 죄인들처럼 세례를 받으셨어요.

**가스펠 링크** 예수님은 죄가 없으셨지만 죄인들처럼 세례를 받으셨어요. 세례는 예수님의 죽음과 부활을 상징해요. 또한 우리가 예수님을 믿을 때, 죄에서 돌이켜 예수님을 위해 사는 새로운 삶을 살게 된다는 사실을 기억하게 해요.

**성경의 초점** 예수님은 어떤 점에서 특별한가요?
예수님은 완전한 하나님이시며, 완전한 인간이세요.

암송 요 3:16

## 9. 예수님이 사마리아 여인을 만나셨어요

**주제** 예수님은 사마리아 여인에게 자신이 메시아라고 말씀하셨어요.

**가스펠 링크** 예수님은 사마리아 여인에게 누구도 줄 수 없는 생명의 물을 주셨어요. 예수님은 육체적으로 마실 수 있는 물이 아니라, 영적인 목마름을 채워 줄 성령님에 관해 말씀하셨어요. 성령님은 믿음으로 예수님께 나아오는 모든 사람에게 임하세요.

**성경의 초점** 예수님은 자신이 누구라고 하셨나요?
예수님은 자신이 메시아라고 말씀하셨어요.

암송 요 14:6

## 8. 세례 요한이 예수님에 관해 말했어요

**주제** 예수님은 하늘에서 이 땅으로 오셨어요.

**가스펠 링크** 세례 요한은 사람들에게 약속된 메시아이신 예수님의 오심을 예비하라고 말했어요. 예수님이 이 땅에 오셔서 사역을 시작하시자 세례 요한은 사명을 다하고 기꺼이 물러났어요.

**성경의 초점** 예수님은 자신이 누구라고 하셨나요?
예수님은 자신이 메시아라고 말씀하셨어요.

암송 요 14:6

## 7. 니고데모가 예수님을 찾아왔어요

**주제** 예수님은 니고데모에게 그가 다시 태어나야 한다고 말씀하셨어요.

**가스펠 링크** 니고데모에게는 새로운 생명, 즉 영원한 생명이 필요했어요. 그러나 어떤 것으로도 영원한 생명을 얻을 수 없었어요. 영원한 생명은 하나님만이 주실 수 있는 선물이에요. 하나님은 세상을 사랑하셔서 독생자를 주셨어요. 그를 믿는 자는 멸망하지 않고 영원한 생명을 얻을 수 있어요.

**성경의 초점** 예수님은 자신이 누구라고 하셨나요?
예수님은 자신이 메시아라고 말씀하셨어요.

암송 요 14:6

## 둘러보기

- **주제** : 각 과의 핵심 줄거리를 파악할 수 있습니다.

- **가스펠 링크** : 성경 이야기에 담긴 복음을 발견하게 합니다. 모든 성경 이야기는 그리스도와 연결됩니다.

- **성경의 초점** : 본문과 관련된 성경의 중심 주제를 문답 형식으로 정리한 문장입니다. 단원별 성경의 초점을 익히며 성경의 흐름을 이해하게 합니다.

- **암송** : 단원의 핵심 메시지가 담긴 성경 구절입니다.

11. 예수님이 삭개오를 만나셨어요

**주제** 예수님을 만난 삭개오는 새롭게 변화되었어요.

**가스펠 링크** 예수님은 잃어버린 자를 찾아 구원하기 위해 이 땅에 오셨어요. 자격 없는 죄인인 우리를 찾아오셔서 죄에서 구원해 주세요. 예수님은 우리를 위해 십자가에서 죽으셨어요. 예수님은 우리가 회개하고, 그분을 믿고 의지할 때 기뻐하세요.

**성경의 초점** 예수님은 자신이 누구라고 하셨나요? 예수님은 자신이 메시아라고 말씀하셨어요.

**암송** 요 14:6


10. 예수님이 고향에서 거절당하셨어요

**주제** 예수님은 성경이 자신에 대해 기록하고 있다고 말씀하셨어요.

**가스펠 링크** 이사야 선지자는 메시아를 보내겠다는 하나님의 계획을 예수님이 태어나시기 수백 년 전에 기록했어요. 메시아는 좋은 소식을 전하고, 깨지고 상한 사람들을 구원할 거예요. 예수님은 이사야의 글을 읽으시고, 듣고 있던 모든 사람에게 자신이 바로 그 메시아라고 말씀하셨어요.

**성경의 초점** 예수님은 자신이 누구라고 하셨나요? 예수님은 자신이 메시아라고 말씀하셨어요.

**암송** 요 14:6